2023년 8월 10일 초판 2쇄 펴냄

지음 · 도기성
감수 · 임수경 (초등학교 교사)
채색 · 김란희
펴낸이 · 이성호   **펴낸곳** · (주)글송이
편집/디자인 · 이유미, 김현경, 임주용
마케팅 · 이성갑, 윤정명, 이현정, 문현곤, 이동준
경영지원 · 최진수, 이인석, 진승현

출판 등록 · 2012년 8월 8일 제 2012-000169호   **주소** · 서울시 서초구 능안말 1길 1(내곡동)
전화 · 578-1560~1   **팩스** · 578-1562   **이메일** · gsibook01@naver.com

ⓒ도기성, 2022

ISBN 979-11-7018-631-1 74080
      979-11-7018-595-6 (세트)

*잘못 만들어진 책은 바꾸어 드립니다.

감수의 글

맞춤법이란 무엇일까요?

학교생활을 잘하려면 학교 규칙을 알아야 하고 우리말을 잘 쓰려면 우리말 규칙을 알아야 해요. 맞춤법은 언어를 글자로 쓸 때 지켜야 할 규칙이에요. 글쓰기 규칙인 맞춤법을 제대로 이해하고 맞춤법에 맞게 글을 쓰면 자기 생각과 주장을 효과적으로 정확하게 전달할 수 있지요.

초등 저학년 시기에 공부하는 맞춤법은 모든 과목 공부의 바탕이 되기 때문에 아주 중요해요. 이 시기에 맞춤법을 확실하게 익히지 않으면 받아쓰기를 하거나 주관식 답을 쓸 때, 일기나 독서 감상문을 쓸 때 맞춤법을 틀려 문제가 생길 수 있어요.

맞춤법은 글의 첫인상을 결정해요!

맞춤법은 쓰기의 아주 기초적인 부분이기 때문에 맞춤법이 틀린 글은 내용이 좋더라도 글의 전체적인 신뢰도와 완성도를 떨어뜨려요.

요즘 어린이들은 맞춤법에 맞게 쓴 글보다 재미와 편의를 위해 말장난 같은 인터넷 용어와 알 수 없는 줄임말을 더 많이 접해요. 하지만 이때 무엇이 맞고 무엇이 틀린 지 정확히 알고 사용하지 않으면 바른 글을 써야 할 때 틀린 표기를 사용할 수 있습니다.

맞춤법, 어떻게 익혀야 할까요?

우리말 맞춤법은 소리 나는 대로 적는 것을 기본으로 삼고 있어요. 하지만 그렇지 않은 경우도 많아서 더욱 어렵게 느껴지지요. 이렇게 어려운 맞춤법을 배우고 익히려면 무엇보다 바르게 쓰인 글을 많이 읽어야 해요. 그리고 헷갈리는 맞춤법은 그냥 지나치지 말고 국어사전을 찾아보거나 선생님께 여쭤봐서 꼭 이해할 수 있도록 해야 하지요.

또 한 가지 방법! 《웃다 보면 알게 되는 저학년 맞춤법》을 읽으며 쉽고 재미있게 맞춤법을 공부할 수도 있어요. 이 책에는 자주 헷갈리는 맞춤법이 가득 실려 있지요. 먼저, 맨 앞에 나오는 두 어휘 중 어느 것이 바른 말인지 생각해 보며 만화 속 마법 학교 선생님과 친구들의 대화를 읽어 보아요. 마지막으로, 풀이를 읽고 맞춤법에 관해 자세히 알고 나면 헷갈리는 우리말을 올바로 알고 쓰는 데 자신감이 생길 거예요.

그럼 지금부터 쉽고 재미있게 맞춤법을 공부하러 떠나 볼까요?

초등학교 교사 임수경

등장인물

뾰롱이

꾀 많은 예비 마법사. 아는 것도 많고 호기심도 많아서 늘 엉뚱한 사건을 벌이고 다니는, 마법 학교 최고의 장난꾸러기이다.

꼬양이

단순한 성격의 예비 마법사. 아는 게 많지 않아서 단짝 친구인 뾰롱이에게 늘 놀림을 당하지만, 뾰롱이의 잘난 척을 잠재울 한방을 가지고 있다.

몽글이

천진난만한 예비 마법사. 마법 학교 최연소 학생으로 뾰롱이와 꼬양이가 하는 건 무엇이든 따라 하고 보는 귀여운 성격이다.

망통 마법사

마법 학교의 마법 선생님. 제자들에게 멋있게 보이고 싶어 하지만, 어리바리한 성격 탓에 늘 제자들의 챙김을 받는 손이 많이 가는 선생님이다.

교과 연계

초등학교 1~2학년군	국어 2-1 가 5. 낱말을 바르고 정확하게 써요
초등학교 3~4학년군	국어 4-1 가 7. 사전은 내 친구

차례

ㄱ~ㄴ으로 시작하는 맞춤법

1. 간질이다 VS 간지르다 - 10
2. 갈가리 VS 갈갈이 - 12
3. 건더기 VS 건데기 - 14
4. 게거품 VS 개거품 - 16
5. 곁땀 VS 겨땀 - 18
6. 곰곰이 VS 곰곰히 - 20
7. 구시렁거리다 VS 궁시렁거리다 - 22
8. 귀엣말 VS 귓속말 - 24
9. 귓불 VS 귓볼 - 26
10. 그러든지 말든지 VS 그러던지 말던지 - 28
11. 금세 VS 금새 - 30
12. 깍두기 VS 깎두기 - 32
13. 깡충깡충 VS 깡총깡총 - 34
14. 꺼림직하다 VS 꺼림칙하다 - 36
15. 껍질 VS 껍데기 - 38
16. 꼬임 VS 꾀임 - 40
17. 날름 VS 낼름 - 42
18. 널빤지 VS 널판지 - 44
19. 널브러지다 VS 너부러지다 - 46
20. 널찍하다 VS 넓직하다 - 48
21. 넓적하다 VS 넓쩍하다 - 50
22. 느지막하다 VS 느즈막하다 - 52
23. 늘이다 VS 늘리다 - 54

ㄷ~ㅂ으로 시작하는 맞춤법

24. 담쟁이 VS 담장이 - 58
25. 대갚음하다 VS 되갚음하다 - 60
26. 덩굴 VS 넝쿨 - 62
27. 돌 VS 돐 - 64
28. 돌멩이 VS 돌맹이 - 66
29. 돼 VS 되 - 68
30. 뒤치다꺼리 VS 뒤치닥거리 - 70
31. 들르다 VS 들리다 - 72
32. 등쌀 VS 등살 - 74
33. 로서 VS 로써 - 76
34. 매다 VS 메다 - 78
35. 메밀 VS 모밀 - 80
36. 밑동 VS 밑둥 - 82
37. 바라 VS 바래 - 84
38. 발자국 VS 발자욱 - 86
39. 별의별 VS 별에별 - 88
40. 봉숭아 VS 봉숭화 - 90
41. 부딪히다 VS 부딪치다 - 92
42. 뻐꾸기 VS 뻐꾹이 - 94
43. 빌려 VS 빌어 - 96

ㅅ~ㅇ으로 시작하는 맞춤법

44. 상추 VS 상치 - 100
45. 설렘 VS 설레임 - 102
46. 수사자 VS 숫사자 - 104
47. 수캉아지 VS 수강아지 - 106
48. 수고양이 VS 수코양이 - 108
49. 아니에요 VS 아니예요 - 110
50. 알맞은 VS 알맞는 - 112
51. 알은척/알은체 VS
    아는 척/아는 체 - 114
52. 얻다 대고 VS 어따 대고 - 116
53. 얼마큼 VS 얼만큼 - 118
54. 여태껏 VS 여지껏 - 120
55. 예부터 VS 옛부터 - 122
56. 예쁘다 VS 이쁘다 - 124
57. 오뚝이 VS 오뚜기 - 126
58. 오랜만 VS 오랫만 - 128
59. 오랫동안 VS 오랜동안 - 130
60. 올바르다 VS 옳바르다 - 132
61. 요새 VS 요세 - 134
62. 욱여넣다 VS 우겨넣다 - 136
63. 움큼 VS 웅큼 - 138
64. 일찍이 VS 일찌기 - 140

ㅈ~ㅎ으로 시작하는 맞춤법

65. 장이 VS 쟁이 - 144
66. 족집게 VS 쪽집게 - 146
67. 좇아가다 VS 쫓아가다 - 148
68. 찌개 VS 찌게 - 150
69. 쳐부수다 VS 처부수다 - 152
70. 천장 VS 천정 - 154
71. 초승달 VS 초생달 - 156
72. 초점 VS 촛점 - 158
73. 치고받다 VS 치고박다 - 160
74. 치르다 VS 치루다 - 162
75. 칠칠하다 VS
    칠칠하지 못하다 - 164
76. 한가락 VS 한가닥 - 166
77. 한창 VS 한참 - 168
78. 한턱내다 VS 한턱쏘다 - 170
79. 핼쑥하다 VS 해쓱하다 VS
    핼쓱하다 - 172
80. 횟수 VS 회수 - 174

생각보다 자주 틀리는 맞춤법 81~100 - 176

ㄱ

간질이다 VS 간지르다
갈가리 VS 갈갈이
건더기 VS 건데기
게거품 VS 개거품
곁땀 VS 겨땀
곰곰이 VS 곰곰히
구시렁거리다 VS 궁시렁거리다
귀엣말 VS 귓속말
귓불 VS 귓볼
그러든지 말든지 VS 그러던지 말던지
금세 VS 금새
깍두기 VS 깎두기
깡충깡충 VS 깡총깡총
꺼림직하다 VS 꺼림칙하다
껍질 VS 껍데기
꼬임 VS 꾀임

ㄴ

날름 VS 낼름
널빤지 VS 널판지
널브러지다 VS 너부러지다
널쩍하다 VS 넙직하다
넓적하다 VS 넙쩍하다
느지막하다 VS 느즈막하다
늘이다 VS 늘리다

간질이다 vs 간지르다

올바른 맞춤법은 무엇일까요? 간질이다(O) 간지르다(X)

'간질이다'는 살갗을 문지르거나 건드려 간지럽게 한다는 뜻을 가진 표현이에요.
'간질인다', '간질이고', '간질여' 등으로 활용해요. 비슷한 말로는 '간지럽히다'가 있어요.
'간지럽히다'는 원래 표준어가 아니었는데 '간질이다'와 함께 표준어로 추가됐어요.
'간지럽혀', '간지럽히니' 등으로 활용되지요.

2 갈가리 vs 갈갈이

단어의 쓰임을 알아볼까요?

'갈갈이'는 다음 해 농사에 대비하여 가을에 논밭을 미리 갈아두는 일을 뜻하는 '가을갈이'의 준말이에요. '가을바람'이 줄어 '갈바람'이 된 것처럼 말이지요. '갈가리'는 여러 가닥으로 갈라지거나 찢어진 모양을 나타내는 말인 '가리가리'의 준말이에요. '가지가지'의 준말은 '갖가지'이고 '고루고루'의 준말은 '골고루'입니다.

3 건더기 vs 건데기

올바른 맞춤법은 무엇일까요? 건더기(O) 건데기(X)

'건더기'는 국이나 찌개 등 국물이 있는 음식 속에 들어 있는 국물 이외의 것, 액체에 섞여 있는 덩어리, 내세울 만한 일의 내용이나 근거를 이르는 말이에요. "국물보다 건더기가 더 맛있다", "열심히 일했지만 내게는 아무 건더기도 떨어지지 않았다"처럼 사용하지요. 여러분은 맞춤법 공부를 열심히 하세요. 그러면 반드시 건더기가 떨어질 거예요.

4 게거품 vs 개거품

올바른 맞춤법은 무엇일까요? 게거품(O) 개거품(X)

'게거품'은 사람이나 동물이 몹시 괴롭거나 흥분했을 때 입에서 나오는 거품 같은 침, 또는 게가 토하는 거품을 말해요. 개도 흥분하면 입가에 침이 거품처럼 고이거나 흘러내리는 경우가 있어요. 게다가 '개'와 '게'의 발음이 비슷해서 '게거품'이 '개거품'으로 헷갈리기도 하지요. 그런데 개가 입에 거품을 물면 그건 '게거품'일까요, '개거품'일까요? 부모님과 함께 토론해 보세요.

곁땀 vs 겨땀

올바른 맞춤법은 무엇일까요? 곁땀(O) 겨땀(X)

요즘 사람들이 워낙 줄임말을 많이 쓰다 보니 '겨땀'을 겨드랑이 땀의 줄임말이라고 생각하는 어린이가 많을 거예요. 하지만 정확한 표현은 '곁땀'이에요.
표준국어대사전에서는 '곁땀'을 겨드랑이에서 나는 땀이라고 설명하고 있습니다.

6 곰곰이 vs 곰곰히

올바른 맞춤법은 무엇일까요❓ 곰곰이(O) 곰곰히(X)

'곰곰이'는 여러모로 깊이 생각하는 모양을 뜻하는 말이에요. 어떤 단어가 '-이'로 끝나는지 '-히'로 끝나는지 쉽게 구분할 수 있는 명쾌한 규칙은 없어요. 그래서 '곰곰이', '일일이', '깊숙이', '깨끗이'를 '곰곰히', '일일히', '깊숙히', '깨끗히'라고 잘못 쓰는 경우가 많지요. 사전에 나온 표준어를 외우는 방법이 지금으로서는 최선이에요. 누구나 쉽게 알 수 있는 규칙을 여러분이 찾아낸다면 단번에 유명해질 거예요.

7 구시렁거리다 vs 궁시렁거리다

올바른 맞춤법은 무엇일까요❓ 구시렁거리다(O) 궁시렁거리다(X)

'구시렁거리다'는 못마땅하여 군소리를 듣기 싫도록 자꾸 한다는 뜻이에요. 주로 불만에 대해 혼자서 중얼거리거나 투덜대는 사람의 행동을 나타낼 때 사용하며 '구시렁대다'로 바꾸어 쓸 수 있어요. 못마땅하여 군소리를 듣기 싫도록 자꾸 하는 모양을 표현할 때는 '구시렁구시렁'이라고 한답니다.

8. 귀엣말 vs 귓속말

*소곤소곤: 남이 알아듣지 못하도록 작은 목소리로 자꾸 가만가만 이야기하는 소리. 또는 그 모양.

올바른 맞춤법은 무엇일까요? 귀엣말(O) 귓속말(O)

'귀엣말'과 '귓속말'은 둘 다 표준어로, 한 사람이 다른 사람의 귀 가까이에 입을 대고 소곤거리는 말을 뜻해요. '귀에 대고 하는 말'이 줄어 '귀엣말'이 되었고, 이 '귀엣말'만 표준어였는데 사람들이 '귓속말'이라는 표현을 더 많이 사용하는 바람에 '귓속말'까지 표준어로 추가되었지요. 독자 여러분도 '귓속말'이라는 표현을 더 많이 사용하지요?

9 귓불 vs 귓볼

올바른 맞춤법은 무엇일까요? 귓불(O) 귓볼(X)

귓바퀴의 아래쪽에 붙어 있는 살을 뜻하는 '귓불'은 '귀'와 '불'이 합쳐진 말이에요. 같은 뜻을 가진 '귓밥'도 잘못 쓰기 쉬운 단어입니다. 귓구멍 속에 낀 때를 가리키는 '귀지'를 '귓밥'이라고 잘못 말하는 경우가 많지요. "엄마, 귓밥 좀 파 주세요."라고 말하면 정말로 귓불을 파 주실 수도 있으니 조심하세요!

10. 그러든지 말든지 vs 그러던지 말던지

올바른 맞춤법은 무엇일까요? 그러든지 말든지(o) 그러던지 말던지(x)

'-든지'는 선택의 뜻을 나타낼 때 사용하고 '-던지'는 과거 경험에 관하여 말할 때 사용해요. '그러든지 말든지'는 선택의 뜻을 나타내는 말이므로 '-든지'를 씁니다. '-던지'는 "어제 날씨가 얼마나 덥던지 땀이 줄줄 흘러내렸다"처럼 쓰지요. 준말로 '-든'과 '-던'도 있어요. "오늘이든 내일이든 아무 때나 좋다"에서의 '-든'은 '-든지'의 준말이고, "선물을 주니까 네 친구가 좋아하던?"에서의 '-던'은 '-던가'의 준말이에요.

금세 vs 금새

단어의 쓰임을 알아볼까요?

'금새'는 물건의 값, 또는 물건값의 비싸고 싼 정도를 가리켜요. 보통 물건의 가격을 말할 때 사용하지요. '금세'는 "소문이 금세 퍼졌다"처럼 어떤 일에 걸리는 시간이 아주 짧을 때 사용해요. '금시(今時)에'가 줄어서 '금세'가 되었지요. '금세'를 '금새'로 헷갈리는 이유는 '요새'나 '그새'라는 단어가 있기 때문일 거예요. 하지만 '요새'는 '요사이', '그새'는 '그사이'의 준말로 뜻이 전혀 다른 말이랍니다.

깍두기 vs 깎두기

올바른 맞춤법은 무엇일까요? 깍두기(o) 깎두기(x)

'깍둑'이라는 말은 조금 단단한 물건을 단칼에 뚝 써는 모양이라는 뜻이에요. 요리와 관련된 용어 중에 '깍둑썰기'라는 말이 있는데, 무 같은 채소 등을 칼로 네모반듯한 모양으로 써는 것을 가리키는 말이지요. 무를 깍둑썰기하여 만든 김치는 '깎두기'나 '깍뚜기'가 아닌 깍두기라는 것 잊지 마세요.

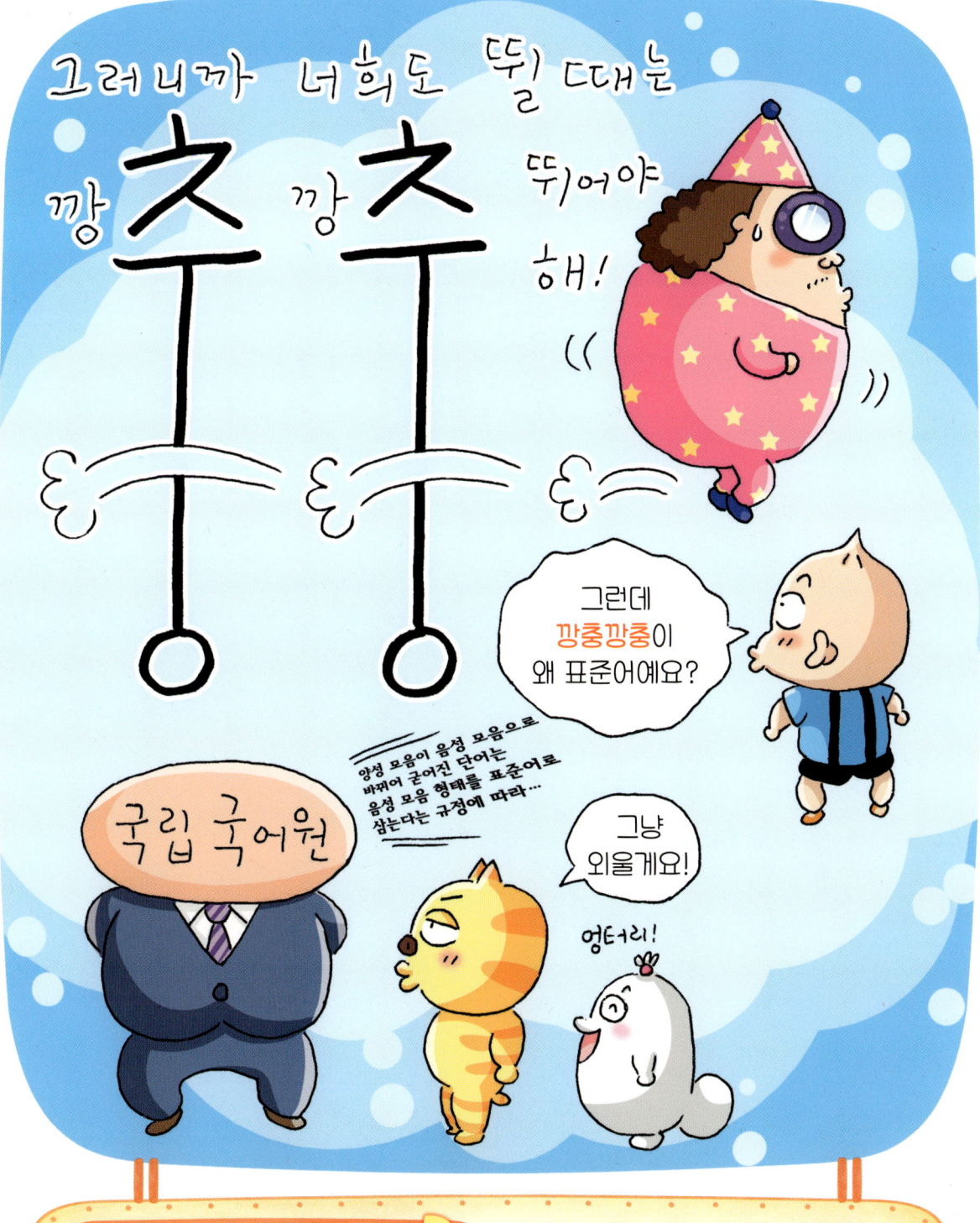

올바른 맞춤법은 무엇일까요? 깡충깡충(O) 깡총깡총(X)

짧은 다리를 모으고 자꾸 힘 있게 솟구쳐 뛰는 모양을 나타내는 표현은 '깡충깡충'이에요.
긴 다리를 모으고 계속 힘 있게 솟구쳐 뛰는 모양을 나타내는 표현은 '껑충껑충'이지요.
오늘 저녁에는 껑충껑충 뛰는 아빠와 함께 깡충깡충 뛰며 줄넘기를 해 볼까요?

14 꺼림직하다 vs 꺼림칙하다

올바른 맞춤법은 무엇일까요❓ 꺼림직하다(○) 꺼림칙하다(○)

2018년 이전에는 마음에 걸려서 언짢다는 뜻의 단어 중 '꺼림칙하다', '께름칙하다', '꺼림하다', '께름하다'만 표준어였어요. 하지만 지금은 '꺼림직하다', '께름직하다'도 표준어로 인정하지요. '한 가지 의미를 나타내는 형태 몇 가지가 널리 쓰이며 표준어 규정에 맞으면, 그 모두를 표준어로 삼는다'는 국립국어원 표준어 규정의 조항에 따라 추가되었답니다.

15 껍질 vs 껍데기

조개를 구워 먹고 싶은데 껍데기가 너무 단단해!
끄응….

옳지! 좋은 수가 있다!

조개 옆에 바나나 껍질을 두고 꼬양이를 부르면…

꼬양이가 미끄러지면서 조개껍데기를 깨 줄 거야!

ㅋㅋ

꼬양아, 이리 와 봐!
왜?
앗!

단어의 쓰임을 알아볼까요?

'껍데기'는 달걀이나 조개 등의 겉을 싸고 있는 단단한 물질이에요. '껍질'은 물체의 겉을 싸고 있는 단단하지 않은 물질이지요. 즉 겉을 싸고 있는 것이 단단하면 '껍데기'이고, 단단하지 않으면 '껍질'이에요. 그러니까 조개나 굴, 달걀 등을 둘러싸고 있는 것은 껍데기이고, 귤이나 사과, 바나나 등을 둘러싸고 있는 것은 껍질입니다.

꼬임 vs 꾐

올바른 맞춤법은 무엇일까요? 꼬임(O) 꾀임(X)

'꼬임'은 어떠한 일을 할 기분이 생기도록 남을 꾀어 속이거나 부추기는 일을 말해요. '꼬임'의 준말은 '꾐'이에요. "사기꾼의 꼬임(꾐)에 넘어갔다"처럼 쓸 수 있답니다. '꼬이다'의 준말이 '꾀다'이므로 '꼬이다' 혹은 '꾀다' 어느 쪽으로 써도 맞아요.

올바른 맞춤법은 무엇일까요? 날름(O) 낼름(X)

'날름'은 혀나 손 등을 날쌔게 내밀었다 들였다 하는 모양을 표현한 단어예요. "혀를 날름 내미는 버릇이 있다"와 같이 사용하지요. 또한 무엇을 날쌔게 받아 가지는 모양을 가리키거나 불길이 밖으로 날쌔게 나왔다 들어가는 모양, 날쌔게 움직이는 모양이라는 뜻도 담고 있습니다.

널빤지 vs 널판지

올바른 맞춤법은 무엇일까요? 널빤지(O) 널판지(X)

판판하고 넓게 켠 나뭇조각을 가리켜 '널빤지'라고 해요. 넓다는 뜻을 가진 '널'에 '반지'가 합쳐진 말이지요. '판자'의 중국어 발음인 '반쯔'가 우리나라로 들어와 '반지'로 변한 거예요. 그러니까 '반쯔'가 '반지'가 되어 '널' 자와 합쳐지면서 '널빤지'가 된 것이지요. '널빤지'와 비슷한 말은 '나무판자', '널', '널판', '널판자', '널판장', '판', '판자'입니다. 같은 뜻을 가진 '판자'와 헷갈려 '널판지'로 쓰지 않도록 주의하세요.

19 널브러지다 vs 너부러지다

단어의 쓰임을 알아볼까요?

'너부러지다'는 힘없이 너부죽이 바닥에 까부라져 늘어지다, 죽어서 넘어지거나 엎어지다라는 뜻이에요. '널브러지다'는 너저분하게 흐트러지거나 흩어지다, 몸에 힘이 빠져 몸을 추스르지 못하고 축 늘어지다라는 뜻이지요. '너부러지다'는 몸이 반드시 바닥에 닿아야 하지만 '널브러지다'는 바닥에 닿을 수도 있고 안 닿을 수도 있다는 차이점이 있어요. 몸으로 직접 연기를 하면서 외우면 잘 외워질 거예요.

20 널찍하다 vs 넓직하다

널~찍한 들판에서 널~찍을 거야!

예압!
찰칵
찰칵
쿵짝 쿵짝
아, 한 가지만 하라니까!

올바른 맞춤법은 무엇일까요❓ 널찍하다(O) 넓직하다(X)

'널찍하다'는 방이나 마당 등이 꽤 넓다는 뜻으로 쓰이지요. '넓다', '짧다', '얇다'와 같은 말을 응용해서 쓸 때는 '널따랗다', '널찍하다', '짤따랗다', '짤막하다', '얄따랗다', '얄찍하다', '얄팍하다'처럼 'ㄼ'에서 'ㅂ'을 빼고 사용한답니다. '넓다', '짧다', '얇다', '엷다'도 발음할 때는 '널따', '짤따', '얄따', '열따'로 발음해야 해요.

21 넓적하다 vs 넓쩍하다

올바른 맞춤법은 무엇일까요? **넓적하다(O) 넓쩍하다(X)**

'넓적하다'는 펀펀하고 얇으면서 꽤 넓다는 뜻이에요. '넓다'에서 온 말인 '널찍하다', '널따랗다'와는 다르게 원래의 형태를 살려서 '넓적하다'로 씁니다. 비슷해 보이는 '넙적하다'는 말대답을 하거나 무엇을 받아먹을 때 입을 단번에 벌렸다가 닫는다는 뜻의 표준어예요.

22 느지막하다 vs 느즈막하다

올바른 맞춤법은 무엇일까요? 느지막하다(O) 느즈막하다(X)

'느지막하다'는 시간이나 기한이 매우 늦다는 뜻이에요. '느지막하게', '느지막이', '느지거니', '느지감치'로 활용하지요. '느지감치'의 반대말은 '일찌감치'에요. '느지막하다'를 표준어로 정한 것은 사람들이 '느즈막하다'보다 더 많이 사용하기 때문이에요. 표준어는 유행처럼 계속 변하는 거니까 여러분도 앞으로 표준어의 유행을 놓치지 말고 계속 따라가야 합니다.

# 늘이다 vs 늘리다

단어의 쓰임을 알아볼까요?

'늘이다'는 본디보다 더 길게 한다는 뜻이에요. "고무줄을 늘이다", "바짓단을 늘이다", "엿가락을 늘이다"처럼 쓰지요. '늘리다'는 물체의 넓이, 부피 등을 본디보다 커지게 한다는 뜻입니다. "주차장의 규모를 늘리다", "넓은 평수로 늘려 이사했다"처럼 쓰지요. 그럼 코 평수는 늘이는 걸까요, 늘리는 걸까요? 네, 코 평수는 늘리는 거예요. 여러분, 지금 콧구멍에 힘주고 있지요? 안 봐도 다 알아요.

ㄷ
담쟁이 VS 담장이
대갚음하다 VS 되갚음하다
덩굴 VS 넝쿨
돌 VS 돐
돌멩이 VS 돌맹이
돼 VS 되
뒤치다꺼리 VS 뒤치닥거리
들르다 VS 들리다
등쌀 VS 등살

ㄹ
로서 VS 로써

ㅁ
매다 VS 메다
메밀 VS 모밀
밑동 VS 밑둥

ㅂ
바라 VS 바래
발자국 VS 발자욱
별의별 VS 별에별
봉숭아 VS 봉숭화
부딪히다 VS 부딪치다
뻐꾸기 VS 뻐꾹이
빌려 VS 빌어

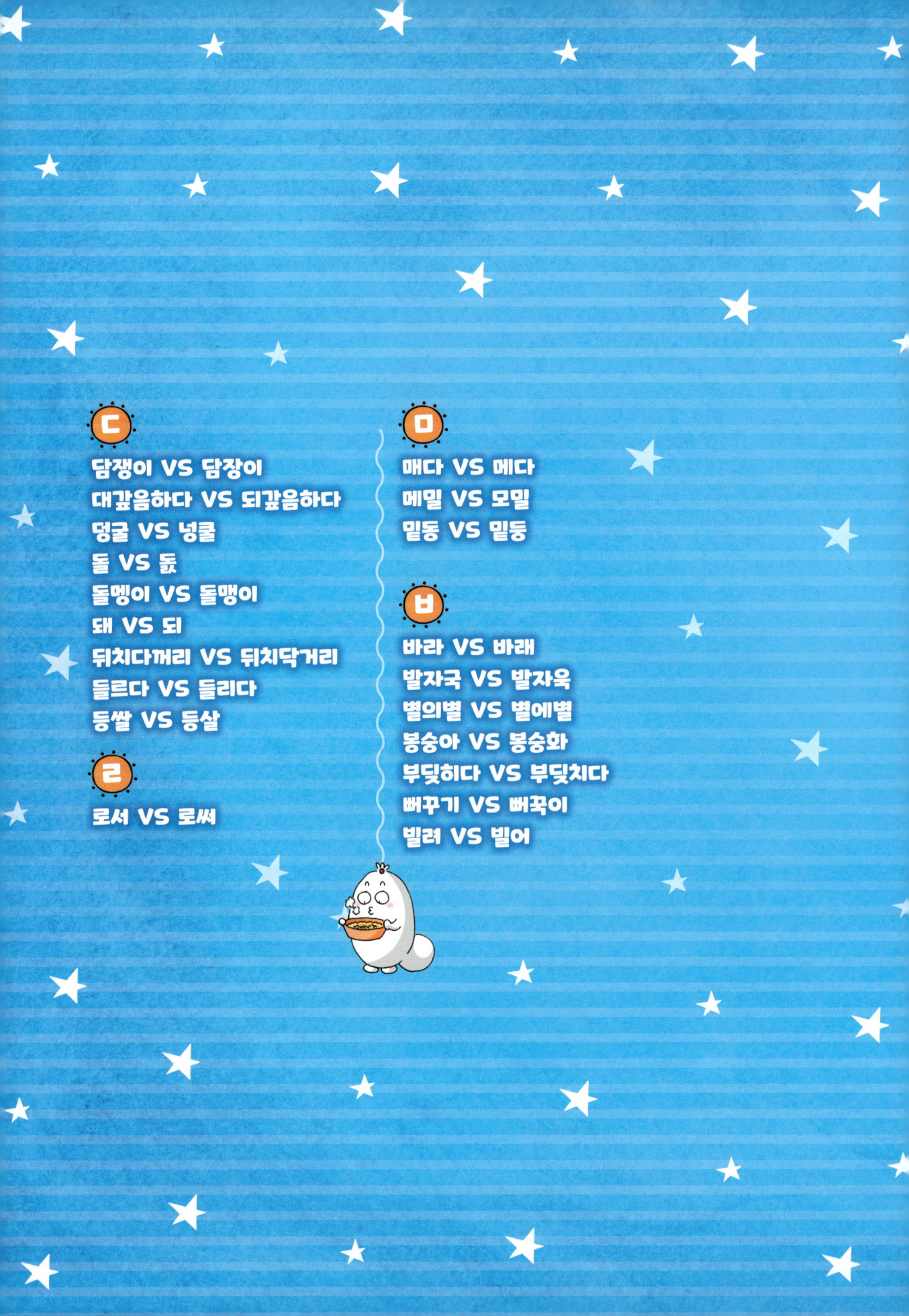

담쟁이 vs 담장이

담쟁이가 마법 학교를 뒤덮었다!

작년에 다 없앴는데 어느새 또 덮었네!

*담장이 미워!

꼬응...

*담장이: 토담(흙으로 쌓아 만든 담)을 쌓는 일을 직업으로 하는 사람. '토담장이'의 준말.

단어의 쓰임을 알아볼까요?

'-장이'와 '-쟁이'를 쉽게 구분하는 방법을 알아볼까요? '-장이'는 기술자에게만 붙이는 말이에요. 그래서 '담장이', '미장이', '옹기장이' 등으로 쓰지요. 그 외에는 모두 '-쟁이'로 쓰면 돼요. '멋쟁이', '개구쟁이', '거짓말쟁이', '소금쟁이', '담쟁이' 이렇게요.
그럼 *노래꾼은 '노래장이'일까요, '노래쟁이'일까요? 부모님과 함께 토론해 보세요.

*노래꾼: 노래 부르는 일을 전문적으로 하는 사람.

25 대갚음하다 vs 되갚음하다

올바른 맞춤법은 무엇일까요? 대갚음하다(O) 되갚음하다(X)

'대갚음하다'는 남에게 입은 은혜나 남에게 당한 원한을 잊지 않고 그대로 갚는다는 뜻을 가진 단어예요. "지난 경기의 패배를 대갚음하겠다"와 같이 사용할 수 있지요. '대갚음하여', '대갚음해', '대갚음하니'로 활용한답니다.

26 덩굴 vs 넝쿨

올바른 맞춤법은 무엇일까요? 덩굴(○) 넝쿨(○)

길게 뻗어 나가면서 다른 물건을 감기도 하고 땅바닥에 퍼지기도 하는 식물의 줄기를 '덩굴' 혹은 '넝쿨'이라고 해요. '덩쿨', '넝굴'과 자주 헷갈리지요. 표준어인 '넝쿨'과 '덩굴'을 쉽게 외우려면 "이봐, 동굴! 넌 쿨(cool)해!"라고 말해 보세요. '동굴'은 덩굴과 비슷하고 '넌 쿨'은 넝쿨과 비슷하니까 금방 외울 수 있을 거예요.

27 돌 vs 돐

올바른 맞춤법은 무엇일까요? 돌(O) 돐(X)

과거에는 생일을 뜻하는 단어로 '돌'을 사용했고, 되풀이되는 기간을 나타내는 주기를 뜻할 때는 '돐'을 썼어요. 하지만 지금은 모두 '돌'로 합쳐졌지요. 의학이 발달하지 못했던 옛날에는 유아 사망률이 높았어요. 그래서 아기가 돌을 맞이하면 큰 잔치를 벌여 진심으로 축하해 주었지요. 지금도 돌잔치를 열고 축하해 주는 풍습이 남아 있답니다.

올바른 맞춤법은 무엇일까요? 돌멩이(O) 돌맹이(X)

돌덩이보다 작은 돌을 이르는 표준어는 '돌멩이'예요. 그럼 '돌맹이'는 왜 틀린 말일까요? 정확한 근거는 없어요. 그냥 그렇게 정해진 것뿐이지요. '알맹이', '꼬맹이'라는 말처럼 사람들이 '돌맹이'라는 말을 많이 쓰다 보면 언젠가는 '돌맹이'도 표준어가 될지도 몰라요. 하지만 지금은 잘못된 말이니 틀리지 않도록 조심해야 해요.

돼 vs 되

단어의 쓰임을 알아볼까요?

'돼'는 '되어'의 준말이에요. 그러니까 '되'나 '돼'가 들어갈 자리에 '되어'를 넣어보고 말이 되면 '돼'를 쓰고, 말이 되지 않으면 '되'를 쓰면 돼요(되어요). 이 규칙은 '뵈다', '쇠다', '아뢰다', '쬐다', '괴다'처럼 'ㅚ'로 끝나는 말에 모두 적용돼요(되어요). 따라서 '이래 뵈도'가 아닌 '이래 봬도'로 써야 하고, '내일 뵈요'가 아닌 '내일 봬요'로 써야 해요.

30 뒤치다꺼리 vs 뒤치닥거리

올바른 맞춤법은 무엇일까요? 뒤치다꺼리(O) 뒤치닥거리(X)

'뒤치다꺼리'는 뒤에서 일을 보살펴 도와주는 것을 뜻해요. '뒤'와 남의 자잘한 일을 보살펴서 도와준다는 뜻의 '치다꺼리'가 합쳐진 말이에요. '뒤치닥거리', '뒷치닥거리', '뒷치다꺼리' 모두 잘못된 표기인데, 북한에서는 '뒤치닥거리'가 표준어라고 해요. 같은 한글을 쓰면서도 남한과 북한이 조금씩 다르지요? 어쨌거나 여러분, 부모님께서 여러분의 뒤치다꺼리를 많이 안 하시게 말썽 좀 피우지 맙시다!

들르다 vs 들리다

단어의 쓰임을 알아볼까요? 지나는 길에 잠깐 들어가 머무르다라는 뜻을 가진 말은 '들르다'예요. '들리다'는 "소리가 크게 들리다", "책상이 생각보다 가볍게 들리다"처럼 쓰는 말이니 주의해야 해요. 여러분도 학교 끝나면 여기저기 들르며 집에 오지요? 하지만 너무 많이 들르면 부모님의 잔소리가 집 밖까지 들리게 될 거예요.

등쌀 vs 등살

단어의 쓰임을 알아볼까요❓

'등살'이라는 말은 등에 있는 근육이라는 뜻이에요. 몹시 귀찮게 구는 짓이라는 뜻의 말은 '등쌀'이지요. 따라서 "부모님의 등쌀에 ~했다", "친구의 등쌀에 ~했다"처럼 쓸 수 있어요. '등쌀'과 '등살'은 모두 표준어이지만 서로 다른 의미를 지니고 있으니 구별해서 사용해야 합니다. 여러분, 잠잘 때 웃통을 벗고 엎드려 자면 모기 등쌀에 여러분의 등살이 남아나지 않을 거예요. 그러니 조심하세요.

로서 vs 로써

단어의 쓰임을 알아볼까요?

'~로서'는 지위나 신분, 자격을 나타낼 때 쓰는 말이에요. '~로써'는 어떤 일의 수단이나 도구, 물건의 재료를 나타내거나 어떤 일의 기준이 되는 시간을 표현할 때 쓰는 말이지요. '~로서'나 '~로써'는 '~로'를 쓸 때보다 뜻을 더 분명히 나타낼 수 있어서 강조하고 싶을 때 쓰기 좋습니다. 그럼 만화가로서 할 말을 다 했으니, 이것으로써 글을 마치겠습니다.

매다 vs 메다

34

단어의 쓰임을 알아볼까요?

'매다'는 끈이나 줄을 몸에 두르거나 감아 잘 풀어지지 않게 마디를 만든다는 뜻의 단어입니다. "벨트를 허리에 매다"와 같이 쓰지요. '메다'는 어깨에 걸치거나 올려놓는다는 뜻으로, "가방을 메다"와 같이 씁니다. 아주 옛날에는 아이들이 학교 갈 때 가방을 메지 않고 책을 보자기에 싸서 허리에 매고 다녔답니다.

35 메밀 vs 모밀

올바른 맞춤법은 무엇일까요? 메밀(O) 모밀(X)

소설가 이효석이 1936년에 쓴 소설 〈메밀꽃 필 무렵〉을 처음 발표할 당시에는 〈모밀꽃 필 무렵〉이라는 제목으로 출판했답니다. 그 당시에는 '모밀'이 표준어였거든요. 19세기까지 '모밀'로 쓰이다가 20세기 들어서 '메밀'이 표준어가 되었어요. 이처럼 표준어는 시대에 따라 계속 바뀌니까 맞춤법 공부는 평생 해야 하는 거예요. 안 그러면 나처럼 됩니다. 알겠읍니까?(퀴즈! 틀린 곳을 찾아라!)

밑동 vs 밑둥

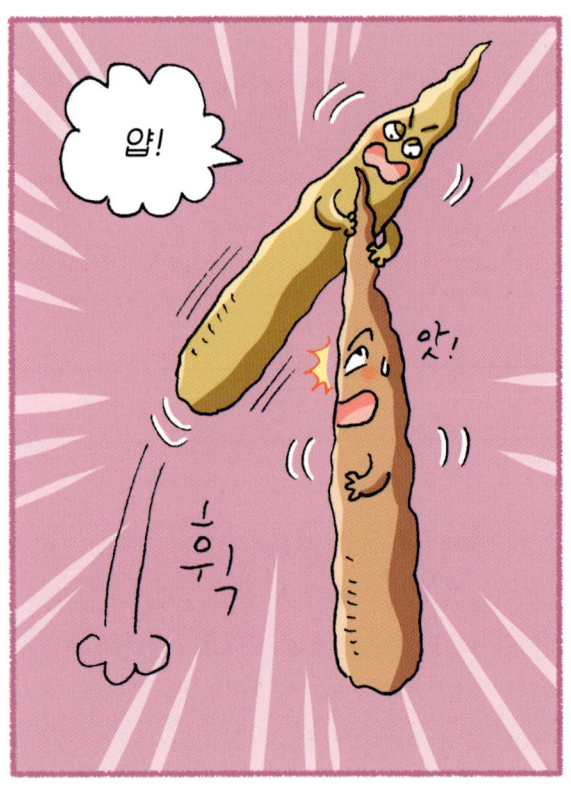

올바른 맞춤법은 무엇일까요❓ 밑동(O) 밑둥(X)

나무줄기에서 뿌리에 가까운 부분을 뜻하는 말은 '밑동'이에요. '밑동아리'라고도 하지요. '동아리'는 크거나 긴 물건을 몇 개의 부분으로 나누어 말할 때 그중 어느 한 부분 혹은 같은 뜻을 가지고 모여서 한패를 이룬 무리를 뜻하는 말이에요. '밑동'의 반대말은 '윗동'이지요. 여러분도 친구들끼리 함께 모여 맞춤법을 공부하는 '맞춤법 동아리'를 만들어 보세요. 물론 교재는 반드시(!) 이 책을 사용해야 합니다. 음으하하하하!

단어의 쓰임을 알아볼까요?

어떤 일이 생각대로 이루어지길 원한다는 뜻으로 쓰일 때는 '바라'로 써야 해요. '나가다', '사다', '자다', '타다', '파다' 등과 같이 'ㅏ'로 끝나는 말 뒤에 '-아'가 붙으면 '나가', '사', '자', '타', '파'라고 써야 합니다. '바라다' 역시 '바라'로 써야 하지요.
'바래'는 볕이나 습기 때문에 색이 변하다는 뜻으로 사용한답니다.

38. 발자국 vs 발자욱

올바른 맞춤법은 무엇일까요❓ 발자국(O) 발자욱(X)

'발자국'은 발로 밟은 자리에 남은 모양, 또는 수량을 나타내는 말 뒤에서 발을 한 번 떼어 놓는 걸음을 세는 단위로 쓰여요. 우리와 달리 북한에서는 '발자욱'이라는 말을 사용하고 있지요. '자욱' 역시 우리나라에서는 틀린 말이에요. '자국'만 표준말로 인정하고 있습니다.

별의별 vs 별에별

올바른 맞춤법은 무엇일까요? 별의별(O) 별에별(X)

보통과 다른 갖가지라는 뜻으로 쓰이는 말은 '별의별'이에요. 이때 '의'는 [의/에]로 소리 낼 수 있으며 받침 'ㄹ'을 뒤 음절의 첫소리로 이어서 [벼릐별/벼레별]로 발음해요. "세상에는 별의별 사람이 다 있는 것 같아"처럼 쓰면 되지요. 또 같은 뜻의 단어로 '별별(別別)'이 있어요. "세상에는 별별 사람이 다 있는 것 같아"처럼 사용할 수 있답니다.

봉숭아 vs 봉숭화

"내 이름은 복숭아! 복 씨 집안 외동딸이야. 만나서 반가워!"

"그래, 반가워! 내 이름은 봉숭아, 혹은 봉선화라고도 해!"

"이름이 두 개야?"

"응."

"그럼 내가 널 부를 때 어떤 이름으로 불러야 해?"

"두 이름 중 하나를 골라서 부르면 돼."

"그럼 봉숭화라고 부를게."

올바른 맞춤법은 무엇일까요? 봉숭아(○) 봉숭화(✕)

'봉숭아'의 본래 말은 봉선화(鳳仙花)예요. 국립국어원에서는 '봉선화'와 함께 널리 쓰이는 '봉숭아'만을 표준말로 인정하지요. 발목 부근에 둥글게 튀어나온 뼈를 흔히 '복숭아뼈'라고 하는데, 정확한 표준어는 '복사뼈'입니다. 그러니까 친구가 '복숭아뼈'라고 말하면, 그 친구의 어깨를 살포시 잡으며 "친구, 복숭아에겐 뼈가 없어!"라고 말해 주세요.

41 부딪히다 vs 부딪치다

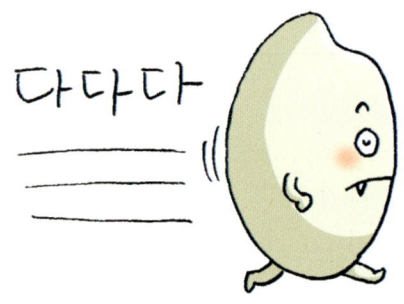

단어의 쓰임을 알아볼까요? 물건과 물건이 서로 힘 있게 마주 닿다라는 뜻을 가진 단어는 '부딪다'예요. '부딪치다'는 '부딪다'를 조금 더 강하게 표현할 때 사용하지요. '부딪히다'는 부딪음을 당하다는 의미로 사용해요. 쉽게 말해서 서로 마주 닿았다는 뜻을 나타낼 때에는 '부딪치다'를, 서로 마주 닿게 되었다는 뜻을 나타낼 때에는 '부딪히다'를 쓸 수 있습니다.

뻐꾸기 vs 뻐꾹이

올바른 맞춤법은 무엇일까요❓ 뻐꾸기(O) 뻐꾹이(X)

'뻐꾹뻐꾹'하고 우는 새 이름이 뭘까요? 뻐꾹이? 아니죠. '뻐꾸기'입니다. '뻐꾹뻐꾹' 우는데 왜 '뻐꾸기'일까요? '뻐꾹이'가 되려면 '뻐꾹하다' 혹은 '뻐꾹거리다'라는 표현이 있어야 해요. 하지만 그런 표현은 없어요. 그래서 '뻐꾹'이라는 원형을 바꾸어 '뻐꾸기'로 쓰는 거예요. '살살이', '꿀꿀이', '배불뚝이', '홀쭉이'처럼 '-하다'나 '-거리다'가 자연스럽게 붙을 수 있는 말은 원형을 그대로 사용한답니다.

43 빌려 vs 빌어

단어의 쓰임을 알아볼까요?

"이 자리를 빌려 감사드립니다."가 맞는 표현이에요. '빌리다'는 남의 물건이나 돈을 나중에 갚기로 하고 얼마 동안 쓴다는 뜻이에요. 그리고 일정한 형식이나 이론, 남의 말이나 글을 따른다거나 어떤 일을 하기 위해 기회를 이용한다는 뜻을 가졌지요. '빌다'는 바라는 바를 이루게 해 달라고 신이나 사람, 사물에 간청하거나 잘못을 용서해 달라고 호소한다는 뜻을 가진 말이지요.

ㅅ

상추 VS 상치
설렘 VS 설레임
수사자 VS 숫사자
수캉아지 VS 수강아지
수고양이 VS 수코양이

ㅇ

아니에요 VS 아니예요
알맞은 VS 알맞는
알은척/알은체 VS 아는 척/아는 체
얻다 대고 VS 어따 대고
얼마큼 VS 얼만큼
여태껏 VS 여지껏
예부터 VS 옛부터
예쁘다 VS 이쁘다

오뚝이 VS 오뚜기
오랜만 VS 오랫만
오랫동안 VS 오랜동안
올바르다 VS 옳바르다
요새 VS 요세
욱여넣다 VS 우겨넣다
움큼 VS 웅큼
일찍이 VS 일찌기

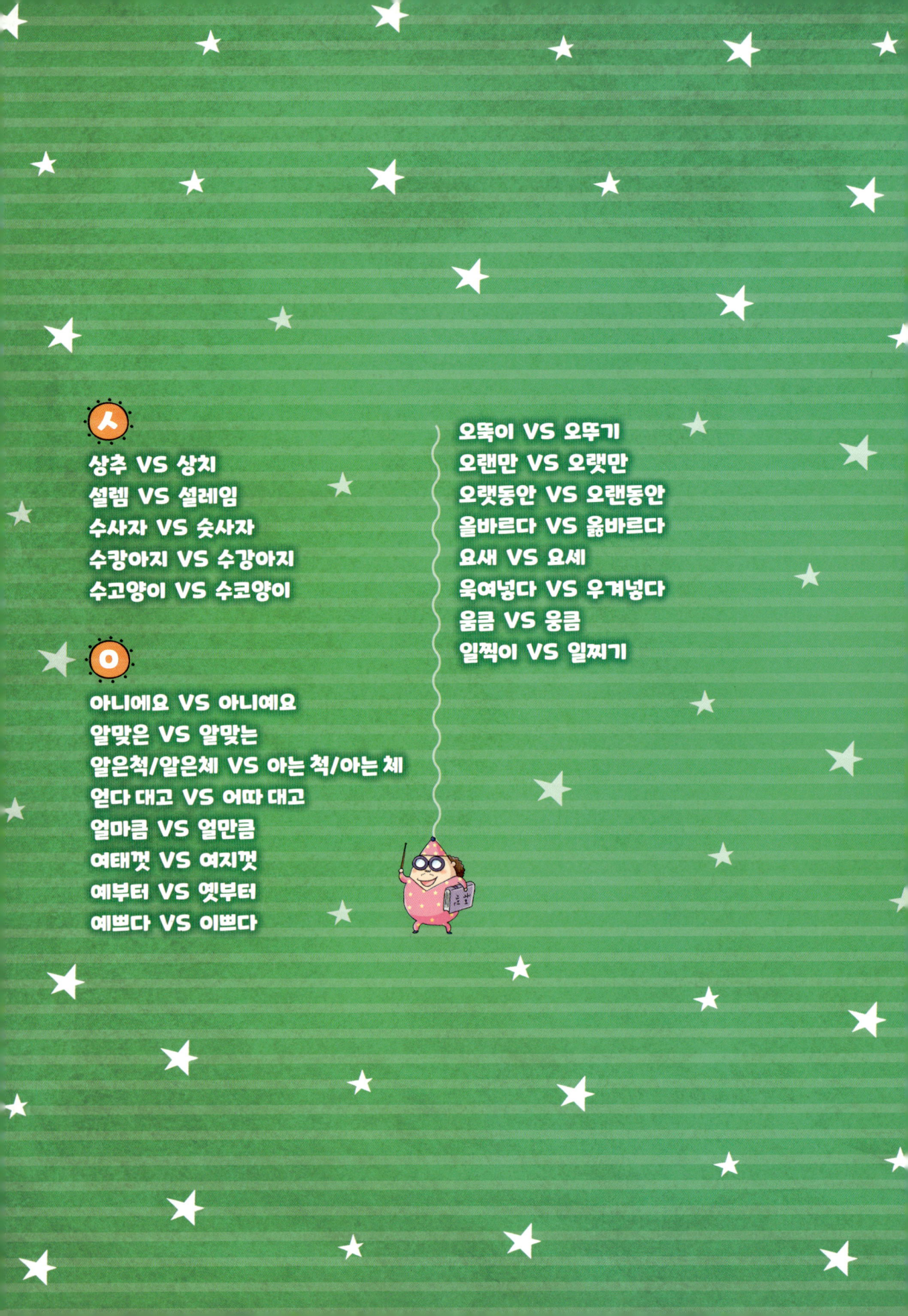

# 상추 vs 상치

올바른 맞춤법은 무엇일까요❓ 상추(O) 상치(X)

국화과의 한해살이풀 또는 두해살이풀을 뜻하는 표준어는 '상추'예요. 그런데 1988년까지는 '상치'가 표준어였어요. 그래서 아직도 '상치'를 표준어라고 생각하는 사람이 많아요. 하지만 지금은 '상추'가 표준어예요. 가끔 상추가 반찬으로 나올 때 "어머니, 1988년까지 상치라고 불리던 국화과의 풀 한 장만 주세요."라고 장난을 쳐 보는 건 어떨까요?

45 설렘 vs 설레임

올바른 맞춤법은 무엇일까요? 설렘(O) 설레임(X)

마음이 가라앉지 않고 들떠서 두근거린다는 뜻을 가진 단어는 '설레다'입니다. '설렘', '설레어', '설레니' 등으로 활용하지요. '설레다'와 '설레이다'는 발음만 약간 다를 뿐 뜻은 똑같아요. 이럴 때는 그중 널리 쓰이는 한 가지 형태만을 표준어로 삼고 있지요. 그래서 '설레다'만 표준어가 된 거예요. 여러분도 맞춤법 공부를 할 때 너무 재미있어서 설레지요? 네? 안 설렌다고요? ……(이것은 말없음표)

수사자 vs 숫사자

올바른 맞춤법은 무엇일까요❓ 수사자(O) 숫사자(✕)

수컷을 이르는 말은 '수-'로 통일한다는 표준어 규정이 있어요. 하지만 여기에도 3가지 예외가 있어요. '양', '염소', '쥐'의 수컷을 말할 때는 '숫양', '숫염소', '숫쥐'라고 써야 해요. 오래전부터 사람들이 많이 사용해서 예외적으로 표준어라고 인정한 것이지요. 3개뿐이니까 외울 수 있겠죠? '양염쥐'라고 외우면 쉬워요. '양념쥐'가 떠오른다고요? 그럼 성공!

수캉아지 vs 수강아지

올바른 맞춤법은 무엇일까요? 수캉아지(O) 수강아지(X)

예전에는 '수-'와 '암-'을 다른 단어와 합쳐 쓸 때 그 사이에 'ㅎ'을 넣어서 썼어요. 그런데 지금은 'ㅎ' 소리를 빼고 쓰지요. 하지만 여기에도 9가지 예외가 있어요. '강아지', '개', '것', '기와', '닭', '당나귀', '돌쩌귀', '돼지', '병아리'는 '수캉아지', '수캐', '수컷', '수키와', '수탉', '수탕나귀', '수톨쩌귀', '수퇘지', '수평아리'라고 써야 하지요. '수-' 다음의 첫소리에 'ㅎ'을 넣어 거센소리로 쓰고 읽히기 때문이에요. 물론 '암-'과 결합할 때도 마찬가지예요.

48 수고양이 vs 수코양이

올바른 맞춤법은 무엇일까요? 수고양이(O) 수코양이(X)

앞에서 배운 것처럼 9가지 예외를 제외한 동물이나 사물 이름 앞에는 '수-'나 '암-'을 그냥 붙이기만 하면 돼요. 쉽죠? 고양이는 9가지에 포함되지 않으니까 고양이의 수컷은 '수코양이'가 아니라 수고양이예요. 벌의 암컷은 '암펄'이 아니라 '암벌'이고요. 그럼 쥐의 수컷은? '수쥐'라고요? 벌써 '양념쥐'를 잊었군요. 정답은 '숫쥐'예요.

109

49 아니에요 vs 아니예요

올바른 맞춤법은 무엇일까요? 아니에요(O) 아니예요(X)

'예요'는 '이에요'의 준말이에요. '동생', '수박'처럼 자음으로 끝나는 말 뒤에서는 본말인 '이에요'를 붙여서 "동생이에요", "수박이에요"로 쓰지요. 하지만 '친구', '사과'처럼 모음으로 끝나는 말 뒤에서는 "친구예요", "사과예요"로 씁니다. '아니'는 모음으로 끝나지만 '니'에 'ㅣ'가 포함되어 있으므로 '아니에요' 혹은 '아니어요'로 써야 해요. 준말은 '아녜요', '아녀요'입니다.

50 알맞은 vs 알맞는

끄응, 이것도 내게 알맞은 안경은 아닌것 같다!

짠~

그럼 '내게 맞는 안경'이라는 말도 '내게 맞은 안경'으로 고쳐 써야 하나?

그건 아냐!

국립국어원

그럼 '알맞는'이라는 말도 맞는 거 아닌가…?

따지지 말고 그냥 외워!

올바른 맞춤법은 무엇일까요❓ 알맞은(○) 알맞는(✕)

'알맞다'는 일정한 기준, 조건, 정도에 넘치거나 모자라지 않은 데가 있다는 뜻의 단어입니다. '알맞다'처럼 사물의 성질이나 상태를 나타내는 단어에는 '-는'과 '-은' 중에 '-은'만 붙을 수 있어요. 그래서 '알맞은'이 맞아요. '걸맞다' 역시 '걸맞은'으로 사용하지요.

51 알은척/알은체 vs 아는 척/아는 체

단어의 쓰임을 알아볼까요?

'아는 체하다/아는 척하다'는 모르는데 아는 것처럼 거짓으로 그럴듯하게 꾸민다는 말입니다. 모르는 사람을 보고 아는 사람인 것처럼 꾸밀 때도 쓰이지만, 모르는 지식이나 사실을 마치 알고 있는 듯 꾸밀 때도 쓰이지요. '알은척하다/알은체하다'는 어떤 일에 관심을 가지는 듯한 태도를 보이거나 사람을 보고 인사하는 표정을 짓다라는 말이에요. 비슷해 보이지만 상당히 다른 말이지요. 단순하게 말하면 앞엣것은 나쁜 것, 뒤엣것은 좋은 것이지요.

얻다 대고 vs 어따 대고

올바른 맞춤법은 무엇일까요? 얻다 대고(O) 어따 대고(X)

'얻다 대고'의 '얻다'는 '어디에다'가 줄어든 말이에요. '어따'는 무엇이 몹시 심하거나 하여 못마땅해서 빈정거릴 때 내는 소리지요. 그러니까 '어따 대고'는 틀린 말이에요.
여러분이 공부 안 하고 빈둥거릴 때 부모님들께서 "어따, 이제 공부 좀 하시지?"라고 말씀하시죠? 네? 여러분은 그런 말 들어 본 적 없다고요? 어따, 다들 공부 열심히 하나 봅니다!

53. 얼마큼 vs 얼만큼

올바른 맞춤법은 무엇일까요? 얼마큼(O) 얼만큼(X)

'얼마'는 잘 모르는 수량, 정하지 않은 수량이나 정도를 나타내는 말이에요. '만큼'은 앞말과 비슷한 정도나 한도를 나타내는 말이지요. '얼마큼'은 '얼마'와 '만큼'이 붙은 '얼마만큼'의 준말입니다. '얼마만큼'을 줄였는데 왜 '얼만큼'이 아니냐고요? 그냥 그렇게 정한 거라 문법적인 근거는 없어요. 이걸 바꾸고 싶으면 우리가 '얼만큼'을 더 많이 쓰면 된답니다.

여태껏 vs 여지껏

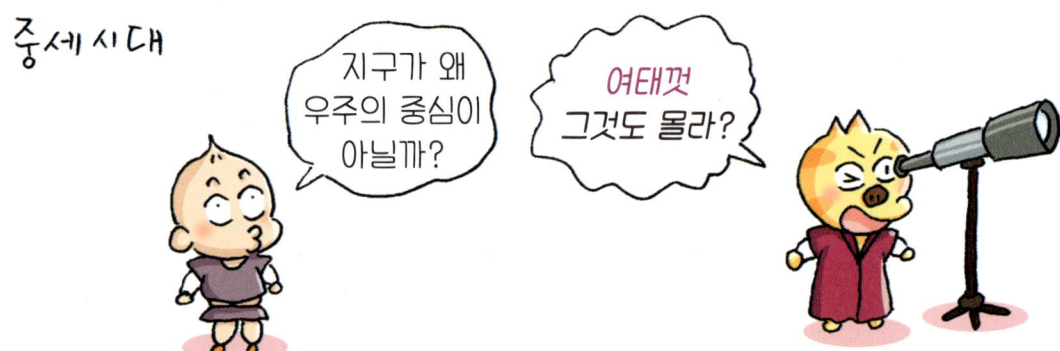

올바른 맞춤법은 무엇일까요? 여태껏(O) 여지껏(X)

'여태'는 지금까지 또는 아직까지를 뜻하는 말로, 강조하여 이르는 말은 '여태껏'이에요. 표준어 규정에 따르면 같은 의미를 지닌 '이제껏', '입때껏'도 표준어예요. '이제', '입때'는 그 자체로 표준어이기 때문에 그 뒤에 '껏'을 붙여 쓸 수 있지요. '의심할 여지가 없다'에 '여지(餘地)'는 완전히 다른 말이니 헷갈리지 않도록 주의하세요.

55 예부터 vs 옛부터

올바른 맞춤법은 무엇일까요? 예부터(O) 옛부터(X)

아주 먼 과거라는 뜻을 나타내는 단어는 '예'입니다. 따라서 '예부터'라고 써야 해요. '-부터'는 어떤 일이나 상태에 관련된 범위의 시작을 나타내는 말이에요. '-로부터'는 어떤 행동의 출발점이나 비롯되는 대상을 나타내는 말이지요. '예부터', '예로부터' 둘 다 표준어입니다.

예쁘다 vs 이쁘다

올바른 맞춤법은 무엇일까요? 예쁘다(O) 이쁘다(O)

원래는 '예쁘다'만 표준어였고 '이쁘다'는 서울 사투리로 분류했어요. 그러다가 2015년에 '이쁘다'도 표준어로 인정되었지요. '이쁘장하다', '이쁘장스럽다'도 함께요. 15세기부터 지금까지 '어엿브다 → 어여쁘다 → 예쁘다'의 과정으로 바뀌었지요. 그런데 옛날에는 '어엿브다'가 '불쌍하다'는 뜻이었대요. 그러다 18세기부터 지금 우리가 사용하는 것처럼 '아름답다'는 뜻을 지니게 되었다고 해요. '어여쁘다'도 표준어랍니다.

올바른 맞춤법은 무엇일까요? 오뚝이(O) 오뚜기(X)

'오뚝이'는 오뚝오뚝 일어나는 장난감이라는 뜻과 작은 물건이 도드라지게 높이 솟아 있는 모양이라는 뜻의 단어예요. 우리말에 '-하다'나 '-거리다'가 자연스럽게 붙을 수 있는 말은 원형을 그대로 사용한다고 했지요? '오뚝이'는 '오뚝'에 '-하다'를 붙여 '오뚝하다'로 쓸 수 있으니 '오뚝이'로 쓰는 게 맞아요. 그렇다고 오뚜기 카레 회사에 따지면 안 된다는 거, 알죠?

오랜만 vs 오랫만

올바른 맞춤법은 무엇일까요? 오랜만(O) 오랫만(X)

'오래간만'은 어떤 일이 있었던 때로부터 긴 시간이 지난 뒤를 뜻하는 말이에요. '오랜만'은 '오래간만'의 준말이지요. 오랫동안 보지 못했던 옛 친구를 만나거나 긴 시간 동안 하지 못했던 일을 다시 시작할 때 자주 쓰는 표현이에요. 여러분이 그동안 안 하던 공부를 하면 부모님께서 "오랜만에 공부한다"고 하실 거예요. 아니라고요? 공부 열심히 하나 보군요!

59 오랫동안 vs 오랜동안

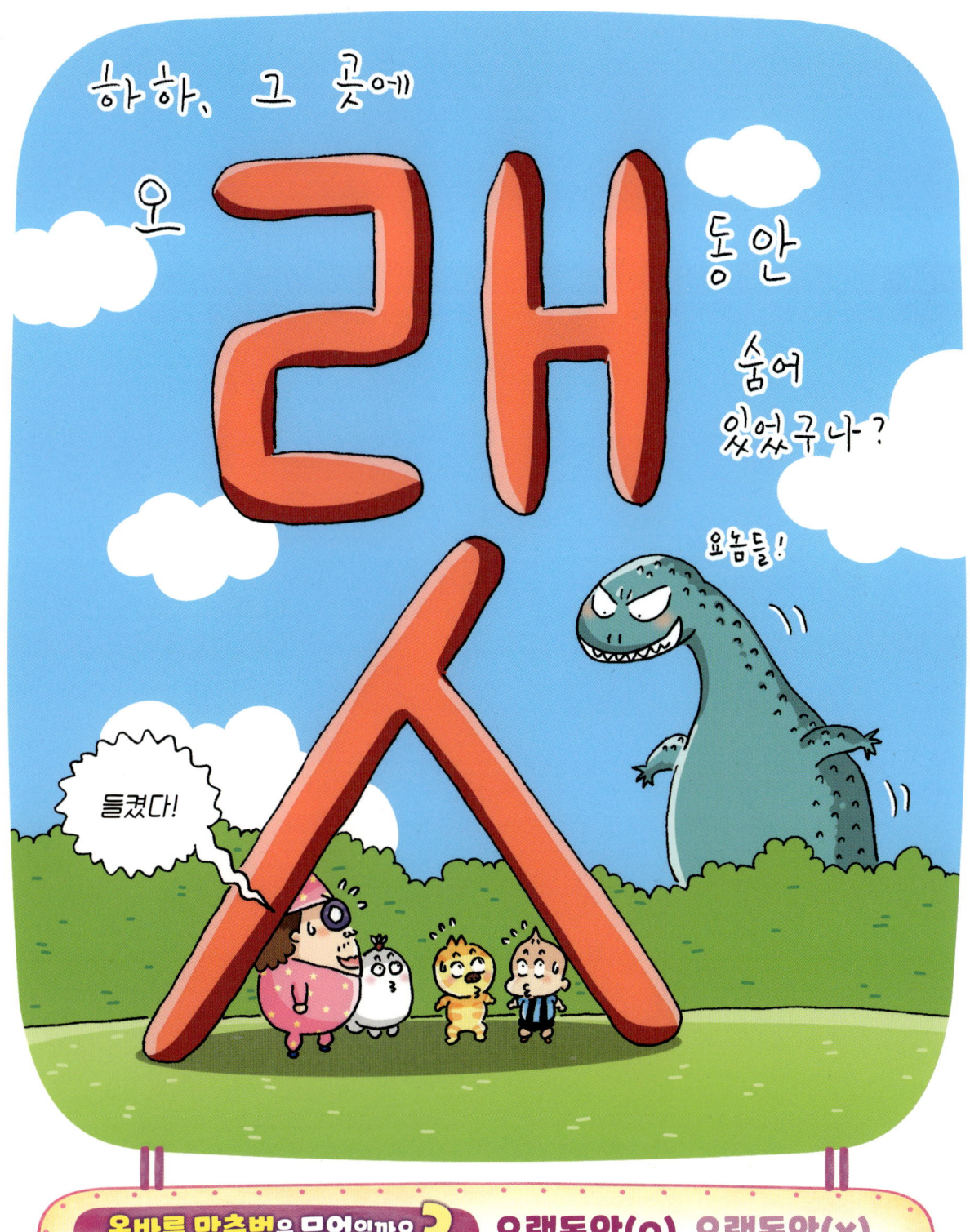

올바른 맞춤법은 무엇일까요? 오랫동안(O) 오랜동안(X)

'오랫동안'은 시간상으로 썩 긴 동안이라는 뜻이에요. 시간이 지나가는 동안이 길다는 뜻의 '오래'와 어느 한때에서 다른 한때까지 시간의 길이를 뜻하는 '동안'이 합쳐져서 '오래동안'이 되고, 거기에 사이시옷(ㅅ)을 붙여서 '오랫동안'이 됐어요. 그런데 이걸 '오랜만'과 헷갈려서 '오랜동안'이라고 착각하기도 해요. 틀리지 않도록 주의해야겠죠?

60 올바르다 vs 옳바르다

올바른 맞춤법은 무엇일까요? 올바르다(O) 옳바르다(X)

'올바르다'는 말이나 생각, 행동이 옳고 바르다는 뜻을 나타내는 표준어예요. 옳고 바르다는 뜻인데 왜 '옳바르다'가 아닌 '올바르다'일까요? 한글 맞춤법에는 '표준어를 소리 나는 대로 적는다'는 원칙이 있어요. 그래서 '올파르다'로 읽히는 '옳바르다'가 아닌 '올바르다'가 표준어로 인정받았습니다.

61 요새 vs 요세

올바른 맞춤법은 무엇일까요? 요새(O) 요세(X)

'금세'가 '금시(今時)에'의 준말이라면 '요새'는 '요사이'의 준말이에요. '금세'와 헷갈려서 '요세'라고 쓰면 안 됩니다. '요새'는 '이새(이사이)', '그새(그사이)', '고새(고사이)', '어느새(어느 사이)'처럼 '사이'가 '새'로 줄어든 말이에요. '아이'가 '애'로 줄어든 것과 같지요. '요새'는 이제까지의 매우 짧은 동안을 나타내는 말로써 '요즘'과 비슷한 말이에요. '요즘'은 '요즈음'의 준말이랍니다.

62 욱여넣다 vs 우겨넣다

올바른 맞춤법은 무엇일까요? 욱여넣다(○) 우겨넣다(✕)

'욱여넣다'는 주위에서 중심으로 함부로 밀어 넣는다는 뜻이에요. '욱이다'와 '넣다'가 합쳐져서 한 단어가 되었지요. '욱이다'는 안쪽으로 조금 우그러져 있다는 뜻의 '욱다'가 변형된 말이에요. 즉 '욱이다'는 종이 등을 우그러지게 한다는 뜻을 지니고 있지요.

63 움큼 vs 웅큼

올바른 맞춤법은 무엇일까요? 움큼(O) 웅큼(X)

'움큼'은 '움키다'에서 비롯된 말로 손으로 한 줌 움켜쥘 만한 분량을 세는 단위를 뜻하는 말이에요. '아름'은 두 팔을 둥글게 모아 만든 둘레 안에 들 만한 분량을 세는 단위를 뜻하는 말이지요. '한 움큼', '한 아름'처럼 쓸 때는 '한'과 '아름'을 띄어 써야 해요. 간혹 인터넷 포털 사전에 '한아름'으로 나오는 경우가 있으니, 표준어를 검색할 때는 반드시 국립국어원의 표준국어대사전을 참고해야 합니다.

일찍이 vs 일찌기

올바른 맞춤법은 무엇일까요? 일찍이(O) 일찌기(X)

단어에 '-이'가 붙어서 뜻을 더하는 경우에는 그 단어의 기본 형태로 적어야 해요. 따라서 '일찍'에 '-이'를 붙여 '일찍이'로 사용해야 하지요. '일찍이'는 일정한 시간보다 이르게, 또는 예전에라는 뜻이지요. "일찍이 등교하다", "일찍이 없었던 일"처럼 쓰지요. 여러분이 이렇게 열심히 맞춤법 공부를 하는 것도 일찍이 없었던 일이지요? 아니에요? 아녜요? 아니어요? 아녀요?(공부는 반복이다!)

ㅈ
장이 VS 쟁이
족집게 VS 쪽집게
좇아가다 VS 쫓아가다
찌개 VS 찌게

ㅊ
쳐부수다 VS 처부수다
천장 VS 천정
초승달 VS 초생달
초점 VS 촛점
치고받다 VS 치고박다
치르다 VS 치루다
칠칠하다 VS 칠칠하지 못하다

ㅎ
한가락 VS 한가닥
한창 VS 한참
한턱내다 VS 한턱쏘다
핼쑥하다 VS 해쓱하다 VS 핼쓱하다
횟수 VS 회수천장 VS 천정

65 장이 vs 쟁이

단어의 쓰임을 알아볼까요?

기술자에게는 '-장이', 그 외에는 '-쟁이'가 붙는다고 했었지요? '-장이', '-쟁이'는 사람들이 잘 틀리는 말 중 하나예요. 국립국어원의 학자들이 모여 표준어를 정할 때도 '-장이', '-쟁이'는 논란이 많았던 항목이었지요. 결국 "장인(匠人)이란 뜻이 살아 있는 말은 '-장이'로, 그 외는 '-쟁이'로 한다"라고 정해졌어요. 그러니까 여러분도 이 단어가 헷갈릴 때 '장인 정신'을 떠올리며 구분해 보세요.

66 족집게 vs 쪽집게

올바른 맞춤법은 무엇일까요? 족집게(O) 쪽집게(X)

주로 잔털이나 가시를 뽑는 쇠로 만든 조그마한 기구, 어떤 사실을 정확하게 지적하거나 잘 알아맞히는 능력을 나타내는 표준어는 '족집게'입니다. 읽을 때는 [족찝께]로 소리 나지요. '쪽집게'는 '족집게'를 잘못 표기한 거예요. '집게'도 '집개'로 잘 못 쓰지 않도록 조심해야 합니다.

67. 좇아가다 vs 쫓아가다

단어의 쓰임을 알아볼까요?

'좇아가다'는 남의 말이나 뜻을 따라간다는 뜻이에요. "학생이 선생님의 가르침을 하나씩 좇아가며 배우다"처럼 쓰지요. 또 어떤 대상을 눈길로 따라간다는 뜻도 있어요. "아이의 눈길이 강아지의 뒤를 좇아가다"처럼 쓰면 돼요. '쫓아가다'는 어떤 대상을 만나기 위하여 급히 가거나 급히 뒤를 따라간다는 뜻이에요. "빨리 공부가 하고 싶었던 학생이 도서관으로 쫓아가다"처럼 써요. 네? 그런 학생은 없다고요?

68 찌개 vs 찌게

올바른 맞춤법은 무엇일까요? 찌개(O) 찌게(X)

뚝배기나 작은 냄비에 국물을 조금 붓고 고기·채소·두부와 간장·된장·고추장·젓국 등을 넣고 갖은 양념을 하여 끓인 반찬을 가리켜 '찌개'라고 해요. '찌다'의 '찌-'에 '-개'가 붙은 말이지요. '-개'가 단어의 뒤에 붙으면 그러한 행위를 하는 도구, 혹은 사람이라는 뜻이 돼요. '지우개', '덮개', '날개', '오줌싸개', '코흘리개' 등의 단어 모두 그렇게 만들어졌습니다.

쳐부수다 vs 처부수다

올바른 맞춤법은 무엇일까요❓ 쳐부수다(○) 처부수다(✗)

'쳐'는 치다의 뜻을 가진 말이에요. '쳐부수다', '쳐들다', '쳐내다'처럼 사용됩니다. '처–'는 마구, 많이의 뜻을 가진 말이에요. 단어의 앞에 붙어서 '처먹다', '처넣다', '처바르다'처럼 쓰이지요. 이 표현들은 모두 오랜 시간 굳어진 채 쓰여 한 단어가 되었답니다.

올바른 맞춤법은 무엇일까요? 천장(O) 천정(X)

지붕의 안쪽 혹은 각 방의 윗면을 뜻하는 표준어는 '천장'이에요. 약간의 발음 차이로 둘 이상의 단어가 사용될 때는 그중 더 많이 쓰이는 단어 하나만을 표준어로 삼는다는 표준어 규정이 있어요. 그래서 '천장'과 '천정' 중 '천장'이 표준어가 되었답니다.

초승달 vs 초생달

올바른 맞춤법은 무엇일까요❓ 초승달(○) 초생달(✕)

'초승달'은 음력으로 매월 첫날부터 며칠 동안 뜨는 달을 가리켜요. 여기서 '초승'은 음력으로 그달 첫날부터 처음 며칠 동안을 뜻하는 말로, 갓 생겨남을 뜻하는 '초생(初生)'에서 온 말이에요. '생(生)'이 다른 글자와 만나면서 '승'으로 바뀐 거죠. '이승', '저승'도 마찬가지입니다. '이생', '저생'이 '이승', '저승'으로 바뀐 것이지요.

72 초점 vs 촛점

올바른 맞춤법은 무엇일까요? 초점(O) 촛점(X)

'초점'은 사람들의 관심이나 주의가 집중되는 사물의 중심 부분을 말해요. '초점'과 '촛점'의 다른 점은 사이시옷(ㅅ)이 들어갔느냐, 안 들어갔느냐의 차이입니다. 사이시옷은 해당 단어에 순우리말이 있을 때만 사용할 수 있는데 '초점(焦點)'은 한자어라 사이시옷을 쓸 수 없어요. 따라서 표준어는 '초점'이랍니다.

73 치고받다 vs 치고박다

올바른 맞춤법은 무엇일까요? 치고받다(○) 치고박다(✗)

말로 다투거나 때리면서 싸운다는 뜻의 표준어는 '치고받다'예요. '치고박다'는 표준어가 아니라 사용할 수 없어요. 단, "망치로 못을 치고 박다"처럼 '치다'와 '박다'를 활용하는 것이라면 한 단어가 아닌, 각각의 단어로 사용할 수 있습니다.

치르다 vs 치루다

올바른 맞춤법은 무엇일까요? 치르다(O) 치루다(X)

주어야 할 돈을 내주거나 무슨 일을 겪어 내다라는 뜻의 단어는 '치르다'입니다. '치러', '치르고', '치르니', '치렀다'의 꼴로 활용되지요. '치루다'는 틀린 말이에요. '잠구다', '담구다' 역시 '잠그다', '담그다'로 써야 합니다.

75 칠칠하다 vs 칠칠하지 못하다

단어의 쓰임을 알아볼까요? 주접이 들지 않고 깨끗하고 단정하다, 또는 성질이나 일 처리가 반듯하고 야무지다는 뜻의 단어는 '칠칠하다'예요. 그 반대의 뜻을 나타낼 때는 '-못하다', '-않다'를 함께 써서 '칠칠하지 못하다', '칠칠치 않다'로 쓰지요. '칠칠맞다'는 '칠칠하다'를 속되게 이르는 말이에요. 마찬가지로 '-못하다', '-않다'를 함께 써서 '칠칠맞지 못하다', '칠칠맞지 않다'라고 씁니다.

76 한가락 vs 한가닥

올바른 맞춤법은 무엇일까요❓ **한가락(O) 한가닥(X)**

어떤 방면에서 썩 훌륭한 재주나 솜씨를 뜻하는 말은 '한가락'이에요. 노래나 소리의 한 곡조를 나타내는 '한 가락'의 의미가 확장되어 한 단어로 굳어진 것으로 볼 수 있지요. '가닥'은 한군데서 갈려 나온 낱낱의 줄, 빛이나 물 등의 줄기를 말해요. '가닥을 잡다'는 분위기, 상황, 생각을 이치나 논리에 따라 바로 잡는다는 뜻으로도 쓰인답니다. 이제 맞춤법의 가닥이 좀 잡히죠?

한창 vs 한참

아, 지금 다들 한창 똥 쌀 시간인데 그렇게 한참 뜸 들이고 있으면 어떡해?

으윽…! 쌀 것 같아!

빠… 빨리 좀 나와!

나도!

쾅쾅

너희가 언제부터 화장실에서 똥 쌌다고 난리야?

안 그래도 똥 안 나와 죽겠는데 이것들이…!

단어의 쓰임을 알아볼까요?

'한창'은 어떤 일이 가장 활기 있고 왕성하게 일어나는 모양 또는 어떤 상태가 가장 무르익은 모양을 뜻해요. "풀이 한창 무성하게 자란다", "교실 안은 아이들로 한창 붐비고 있었다"처럼 쓰지요. '한참'은 어떤 일이 상당히 오래 일어나는 모양을 뜻해요. "밤늦도록 한참 맞춤법 공부를 했다"처럼 써요. 네? 그렇게 쓸 일이 없다고요? 음, 그렇군요. 섭섭하지만 어쩔 수 없죠.

올바른 맞춤법은 무엇일까요? 한턱내다(O) 한턱쏘다(×)

'한턱내다'는 한바탕 남에게 음식을 대접한다는 뜻의 표준어예요. 한 단어이니 띄어 쓰지 않도록 조심! 국립국어원의 표준국어대사전에는 '한턱쏘다'라는 말이 없어요. 하지만 국립국어원이 추진하는 개방형 한국어 사전인 우리말샘은 '쏘다'를 여럿이 함께 먹은 음식 등의 값을 치르다는 뜻으로 다루고 있지요. 그러니 언젠가는 '한턱쏘다'도 표준어가 될 수 있지 않을까요?

79. 핼쑥하다 vs 해쓱하다 vs 핼쓱하다

올바른 맞춤법은 무엇일까요? 핼쑥하다(O) 해쓱하다(O) 핼쓱하다(X)

얼굴에 핏기가 없고 파리하다는 뜻의 '핼쑥하다'와 얼굴에 핏기나 생기가 없어 파리하다는 뜻의 '해쓱하다'는 모두 표준어예요. 흔히 '핼쑥하다'와 '해쓱하다'를 합쳐 '핼쓱하다'로 틀리는 경우가 많으니 주의하세요. 비슷한 뜻을 가진 '파리하다'는 몸이 마르고 낯빛이나 살색에 핏기가 전혀 없다는 뜻이에요. 왱왱 날아다니는 파리를 생각하면 곤란해요.

횟수 vs 회수

올바른 맞춤법은 무엇일까요? 횟수(O) 회수(X)

사이시옷은 순우리말로 된 단어나 순우리말과 한자어로 구성된 단어에만 사용해요. 그러니까 오로지 한자어로만 구성된 단어에는 사이시옷을 쓰지 않아요. 하지만 여기에도 6가지 예외가 있어요. '횟수(回數)', '셋방(貰房)', '숫자(數字)', '곳간(庫間)', '찻간(車間)', '툇간(退間)'에는 사이시옷을 넣어서 사용해야 해요. 외우는 방법은 세수하고차타(셋숫횟곳찻툇). 독자 여러분, 세수하고 차타!(왜 반말처럼 들리지요?)

생각보다 자주 틀리는 맞춤법

우리 일상에서 많이 쓰이지만 자주 틀리거나 헷갈리는 맞춤법을 알아보고 올바르게 사용할 수 있도록 차근차근 익혀 보세요.

81 가르치다 vs 가리키다 vs 가르키다

'가르치다'는 다른 사람을 교육한다는 의미이며, '가리키다'는 어떤 방향이나 대상을 집어서 볼 수 있도록 한다는 의미예요. 두 단어의 뜻이 다르므로 상황에 맞는 올바른 표현을 찾아 써야 해요.

(활용 예) 동생은 손가락으로 갖고 싶은 장난감을 가리켰다.
나는 동생에게 덧셈을 가르쳤다.

'가르키다'는 잘못된 표현이에요. '가르치다', '가리키다'와 헷갈리지 않도록 주의해야 합니다.

→ 가르치다 (O) 가리키다 (O) 가르키다 (X)

82 거예요 vs 거에요

받침이 있는 명사 뒤에는 '이에요'로 쓰고, 받침이 없는 명사 뒤에는 '예요'로 써야 해요. 그래서 '거예요'로 쓰지요.

(활용 예) 이번 시험에서 100점을 맞을 거예요.
이번 시험에서 받은 제 점수는 100점이에요.

→ 거예요 (O) 거에요 (X)

83 거야 vs 꺼야

보통 '거야'를 말할 때 '꺼야'로 발음하기 때문에 헷갈리는 경우가 많아요. 틀리지 않도록 조심해야 합니다.
마찬가지로 '할께요'가 아닌, '할게요'가 맞는 표현입니다.

(활용 예) 할 거야, 내 거야

→ 거야 O 꺼야 X

84 낫다 vs 낳다

'낫다'는 병이나 상처가 고쳐졌다는 뜻과 보다 더 좋거나 앞서 있다는 뜻을 가지고 있어요. '낳다'는 배 속의 아이, 새끼, 알을 몸 밖으로 내놓는다는 뜻이지요. 두 단어의 의미를 정확히 알고 상황에 맞게 사용하세요.

(활용 예) 감기가 다 나았다.
암탉이 알을 낳았다.

85 너머 vs 넘어

높이나 경계로 가로막은 사물의 저쪽이나 그 공간을 나타내는 말은 '너머'예요. '넘어'는 일정한 시간이나 범위를 벗어나서 지났다는 말이지요.

(활용 예) 저 산 너머에 그리운 고향 집이 있다.
산을 넘어 고향 집에 도착했다.

86 다르다 vs 틀리다

'다르다'는 비교가 되는 두 대상이 서로 같지 않을 때 사용해요. '틀리다'는 사실과 맞지 않을 때 사용하지요. 많은 사람이 '다르다'와 '틀리다'를 잘못 쓰는 경우가 많아요. 틀리지 않게 조심하세요.

(활용 예) 사람의 생김새는 모두 다르다.
계산도, 답도 틀렸어.

87 대 vs 데

직접 경험한 사실이 아니라 남이 말한 내용을 전달할 때는 '대(-다고 해)'를 써요. 말하는 사람이 직접 경험한 사실을 말할 때는 '데(-더라)'를 써야 하지요.

(활용 예) (사람들이 그러는데) 몽글이가 참 예쁘대.
(어제 보니까) 몽글이가 참 예쁘데.

88 떡볶이 vs 떡볶기

'먹이', '목걸이'처럼 낱말 끝에 '-이'가 붙으면 사물을 뜻하고, '말하기', '쓰기'처럼 낱말 끝에 '-기'가 붙으면 행동을 뜻합니다. 그래서 '떡'과 '볶다'가 합쳐진 낱말에 '-이'가 붙어 '떡볶이'라고 써야 하지요.
→ 떡볶이 O 떡볶기 X

89 띠다 vs 띄다

'띠다'는 빛이나 성질을 가진다는 뜻이고, '띄다'는 눈에 보이거나 남보다 훨씬 두드러진다는 뜻이에요. 두 단어 모두 표준어이므로 상황에 따라 올바르게 사용할 수 있도록 각각의 뜻을 이해해 보세요.
(활용 예) 노을이 붉은빛을 띠며 저물었다.
편의점에 들어서자마자 좋아하는 과자가 눈에 띄었다.

90 맞추다 vs 마치다 vs 맞히다

'맞추다'는 서로 떨어져 있는 부분을 제자리에 맞게 붙인다는 뜻이에요. '마치다'는 어떤 일이나 과정, 절차가 끝났다는 뜻이지요. '맞히다'는 문제에 대한 답을 틀리지 않게 하다, 물체를 쏘거나 던져서 어떤 물체에 닿게 한다는 뜻입니다.
(활용 예) 퍼즐을 맞추다.
수업을 마치다.
퀴즈를 맞히다.

91 반드시 vs 반듯이

틀림없이 꼭이란 뜻의 단어는 '반드시'예요. '반듯이'는 생각이나 행동이 비뚤어지거나 기울지 않고 바르게란 뜻의 단어입니다. 서로 헷갈리지 않게 주의하세요.
(활용 예) 반드시 약속을 지키자.
집에 들어올 때는 신발을 반듯이 놓자.

92 부치다 vs 붙이다

'부치다'는 편지나 물건을 일정한 수단이나 방법을 써서 상대에게 보낸다는 뜻이에요. '붙이다'는 맞닿아 떨어지지 않게 한다는 뜻이지요. 편지를 친구에게 '붙이거'나 풀로 종이를 '부치지' 않도록 단어의 뜻을 꼭 익혀야 해요.

(활용 예) 전학을 간 친구에게 생일선물을 부쳤다.
생일선물에 예쁜 리본을 붙였다.

93 비추다 vs 비치다

빛을 내는 대상이 다른 대상에 빛을 보내어 밝게 할 때는 '비추다'를 쓰고, 빛이 나서 환하게 되거나 물체의 그림자나 영상이 나타나 보일 때는 '비치다'를 써요.

(활용 예) 어두운 방 안을 손전등으로 비추다.
방 안에 달빛이 비치다.

94 안다 vs 않다 vs 앉다

'안다'는 두 팔을 벌려 가슴 쪽으로 끌어당겨 품 안에 있게 하는 것을 말해요. '않다'는 어떤 행동을 안 하다는 뜻이지요. '앉다'는 사람이나 동물이 엉덩이에 몸무게를 실어 다른 물건이나 바닥에 몸을 올려놓는 것을 말합니다. 발음은 비슷해도 뜻은 전혀 다른 단어들이에요.

(활용 예) 귀여운 강아지를 안고 잠이 들었다.
아무 말도 하지 않고 가만히 있었다.
의자에 앉아 책을 읽었다.

95 어떡해 vs 어떻게

'어떡해'는 '어떻게 해'가 줄어든 말로, 주로 말의 끝에 쓰입니다. '어떻게'는 의견이나 성질, 상태가 어찌 되어 있다는 말이에요. 어떻게 활용해야 할지 잘 모르겠는데 어떡하죠?

(활용 예) 갑자기 화를 내면 어떡해?
어떻게 그럴 수 있어?

96 웬만하다 vs 왠만하다

'웬만하다'는 정도나 형편이 표준에 가깝거나 그보다 약간 낮다는 뜻으로 사용해요. '왠만하면'은 잘못된 표현입니다.

(활용 예) 나는 친구 관계도 좋고, 성적도 웬만하다.

→ 웬만하면 O 왠만하면 X

97 왠지 vs 웬지

'왠지'는 '왜인지'의 준말이에요. 왜 그런지 모르게, 뚜렷한 이유도 없이라는 뜻으로 쓰이지요. '왜'의 의미가 살아있는 경우에만 '왠'을 쓰고, 그 외의 경우에는 '웬일'처럼 '웬'을 씁니다.

→ 왠지 O 웬지 X

98 잃어버리다 vs 잊어버리다

'잃어버리다'는 가지고 있던 물건이 자신도 모르게 없어져 그것을 아주 갖지 못하게 된다는 뜻이에요. '잊어버리다'는 알았던 것을 기억하지 못하거나 기억해 내지 못한다는 뜻입니다. 맞춤법을 잊고 점수를 잃는 일이 없도록 주의하세요.

(활용 예) 어제 받은 용돈을 잃어버렸다.
어제 외운 단어의 뜻을 잊어버렸다.

99 작다 vs 적다

'작다'는 길이, 넓이, 부피가 비교 대상이나 보통보다 덜할 때 사용해요. '적다'는 수효나 분량, 정도가 일정한 기준에 미치지 못할 때 사용하지요.

(활용 예) 옷의 크기가 작다.
입을 수 있는 옷의 수가 적다.

100 채 vs 체

'채'는 있는 상태 그대로 있다는 뜻을 나타내는 말이고, '체'는 그럴듯하게 꾸미는 거짓 태도나 모양을 나타내요.

(활용 예) 옷을 입은 채 잠들었다.

나도 아는 체를 했다.